1. Lese-stufe

Martin Lenz

Ben bei den Indianern

Mit Bildern von Daniel Sohr

Ravensburger Buchverlag

Bibliografische Information der Deutschen Nationalbibliothek:

Die Deutsche Nationalbibliothek verzeichnet diese Publikation
in der Deutschen Nationalbibliografie.
Detaillierte bibliografische Daten sind im Internet
über http://dnb.d-nb.de abrufbar.

1 2 3 4 5 E D C B A

Ravensburger Leserabe
© 2019 Ravensburger Buchverlag Otto Maier GmbH
Postfach 18 60, 88188 Ravensburg
Umschlagbild: Daniel Sohr
Konzept Leserätsel: Dr. Birgitta Reddig-Korn
Design Leserätsel: Sabine Reddig
Textredaktion: Nina Schiefelbein
Produktion & Satz: Weiß-Freiburg GmbH –
Graphik und Buchgestaltung
Printed in Germany
ISBN 978-3-473-36144-1

www.ravensburger.de
www.leserabe.de

Inhalt

Sehr neugierig

Ben schleicht wie ein Indianer
ins Schlafzimmer seiner Eltern.
Unter dem Bett liegt ein Karton.

4

Ben weiß genau, was drin ist:
sein neues Indianer-Kostüm
für den Fasching.

Er zieht den Karton hervor.
Vorsichtig hebt er den Deckel
und streicht über den Stoff.
Das fühlt sich gut an.

Bens Herz klopft heftig.
Aber er kann nicht anders:
Er muss jetzt sofort
in das Kostüm schlüpfen.

Zuletzt bindet er sich
das Stirnband um den Kopf.
Da spürt er plötzlich
ein seltsames Kribbeln
im ganzen Körper.

Und als er sich die bunte Feder
hinten an den Kopf steckt,
passiert etwas Verrücktes:

Ben steht mitten
in einem Indianer-Dorf!

Er reibt sich die Augen.
Er hat das Gefühl,
als sei er gerade
aus tiefem Schlaf aufgewacht.

Zwei Jungen kommen auf ihn zu
und rufen:
„Da bist du ja, Bunte Feder.
Wo warst du denn so lange?
Wir wollen doch die Pferde suchen!"

„Welche Pferde?",
fragt Bunte Feder zurück.
Tatonka und Schneller Pfeil
schauen ihn erstaunt an.

„Wir haben doch ausgemacht,
dass wir die drei Pferde suchen",
sagt Tatonka,
„die die Tack-Brüder Tim und Tom
uns gestohlen haben."

„Ach ja, klar",
sagt Bunte Feder.

10

Geschafft!
Hier kannst du den ersten Sticker einkleben!

„Was ist denn los mit dir?",
fragt Schneller Pfeil.

„Nichts", antwortet Bunte Feder
und ist nun hellwach.
„Wir holen die Pferde zurück,
so wahr ich Bunte Feder heiße!"

Kapitel 1

11

Sehr gefährlich

Mit Pfeil und Bogen
marschieren sie los –
bis sie an einem Fluss stehen.

„Da können wir nicht durch,
das schaffen wir nicht!",
sagt Tatonka.

„Irgendwo ist sicher eine Brücke",
meint Bunte Feder.
„Und die finden wir!"

Sie gehen den Fluss entlang
und sehen nach einer Weile
tatsächlich eine Brücke.

„Die ist aber ziemlich alt",
murmelt Tatonka.
„Da fehlen ja sogar
ein paar Bretter."

Bunte Feder geht auf die Brücke
und ruckelt ein wenig.
„Die hält bestimmt", sagt er,
um sich und den anderen
Mut zu machen.

„Meinst du?", fragt Tatonka.
„Ich geh als Erster",
schlägt Bunte Feder vor.
Die Brücke knarrt, aber sie hält.

„Jetzt du", sagt Schneller Pfeil
und schiebt Tatonka auf die Brücke.

Vorsichtig setzt Tatonka
Fuß vor Fuß.
Dabei schielt er ängstlich
nach unten zum brausenden Wasser.

Plötzlich stolpert Tatonka
gegen das Geländer.
Es bricht und stürzt krachend
in die Tiefe.

Tatonka fuchtelt wild
mit den Armen.

In letzter Sekunde
packt Bunte Feder ihn an der Hand
und zieht ihn zu sich.

Tatonka hat Tränen in den Augen.
„Ist ja noch mal gut gegangen",
tröstet ihn Bunte Feder.

Kapitel 2

Vorsichtig geht nun auch
Schneller Pfeil über die Brücke.

Sehr schlau

Sie klettern das Ufer hinauf.
Plötzlich bleibt Bunte Feder stehen
und schnuppert.

„Was ist los?",
fragt Schneller Pfeil.

„Es riecht nach Feuer",
antwortet Bunte Feder.

Sie folgen dem Geruch.
Unter ein paar Bäumen
sitzen Tim und Tom Tack
am Lagerfeuer.
Jeder hält einen Spieß mit Fleisch
über die Glut.

In der Nähe grasen fünf Pferde.

„Wir müssen die Männer ablenken",
sagt Bunte Feder.
Er hat auch schon einen Plan.

Sie verstecken sich und
werfen Steine gegen die Bäume.

„He, da ist jemand!", ruft Tim.

„Ich hab nichts gehört", sagt Tom.

„Du hast ja auch Tomaten
auf den Ohren",
brummt Tim.

Er gibt Tom seinen Stock
und macht sich auf die Suche.

„Warte!", ruft Tom und springt auf.
Dabei fällt das Fleisch in die Flammen.
„So ein Mist!", schimpft er.

Sein Bruder kommt zurück.
„Mann, du bist sogar zu blöd,
um zwei Stöcke zu halten!"

Tom will das Fleisch retten
und verbrennt sich die Finger.
„Au! Au!", jammert er
und hüpft wild herum.

Diesen Moment nutzen
die kleinen Indianer aus.
Sie spannen eine Schnur
über dem Boden
und schleichen zu den Pferden.

Leise sitzen sie auf und reiten los.
Die Pferde der Tack-Brüder
treiben sie ein Stück weg.

„He!", ruft Tim.
„Die hauen mit den Pferden ab!
Los, hinterher!"
Aber schon fallen beide
über die gespannte Schnur
und purzeln übereinander.

Kapitel 3

Sehr mutig

Die kleinen Indianer
beobachten alles.
Sie lachen über die Diebe,
die sich jetzt laut streiten.

„Das ist alles deine Schuld!",
ruft Tim.
„Aber ... ich hab doch nur ...",
stammelt Tom und muss fast weinen.
„Heul nicht! Steh auf
und fang unsere Pferde ein!"

Tom trottet traurig davon.

Tim schaut zu den drei Jungen
und hebt drohend die Faust.
Doch zu Fuß kann er sie
niemals einholen.

Die kleinen Indianer reiten davon.
Bald erreichen sie die Brücke,
über die sie gekommen sind.

„Die hält nicht!", meint Tatonka.
„Aber wir müssen da drüber",
sagt Bunte Feder.

Ohne ein weiteres Wort
treibt Schneller Pfeil sein Pferd
über die Brücke.
Sie knarrt und wackelt zwar,
aber sie hält.

Tatonka zögert noch immer.
Da gibt Bunte Feder dem Pferd
einen kräftigen Klaps
und ruft laut: „Heja! Heja!"

Ohne dass Tatonka etwas tut,
geht das Pferd mit ihm
über die Brücke.

Als auch Bunte Feder
fast drüben ist,
kracht es hinter ihm.
Mit einem gewaltigen Satz
springt das Pferd ans Ufer.
Dann stürzt die Brücke
in die Tiefe.

„Jippiiie! Geschafft!",
ruft Schneller Pfeil.

„Jetzt müssen die Diebe
durch den Fluss schwimmen,
wenn sie uns verfolgen wollen",
sagt Bunte Feder.

„Das können die bestimmt nicht",
meint Tatonka.

In ihrem Dorf werden die Jungen
freudig begrüßt.
Tatonka erzählt,
wie mutig Bunte Feder war.

„Schenkst du mir deine Feder?",
fragt ein kleiner Junge.
Bunte Feder lächelt und nickt.
Er greift nach der Feder,
und schwupp ...

... steht er im Schlafzimmer
seiner Eltern.
Ihm ist ein wenig schwindlig.
Die Gedanken sausen wie wild
durch seinen Kopf.

Er sieht die Feder in seiner Hand,
und langsam wird ihm alles klar:

„Wenn ich die Feder
in das Stirnband stecke,
werde ich wirklich zum Indianer",
murmelt Ben.

Er lächelt und freut sich schon
auf das nächste Abenteuer!

Kapitel 4

Leserabe Leserätsel

Rätsel 1

Seltsam, seltsam

Welches Wort stimmt? Kreuze an!

Die alte Brücke
- ○ knarrt.
- ○ knurrt.
- ○ knattert.

Das Fleisch steckt am
- ○ Spaten.
- ○ Speer.
- ○ Spieß.

Bunte Feder ist
- ○ mollig.
- ○ mutig.
- ○ mürrisch.

Rätsel 2

Zahlen, Zahlen

Findest du die richtige Seite? Trage die Zahl ein!

Auf Seite ____ steht ein Mal **Stoff**.

Auf Seite ____ steht ein Mal **Tomaten**.

Auf Seite ____ steht ein Mal **Klaps**.

Kreuz und quer

Fülle die Kästchen aus!
Schreibe Großbuchstaben:
Feder → FEDER

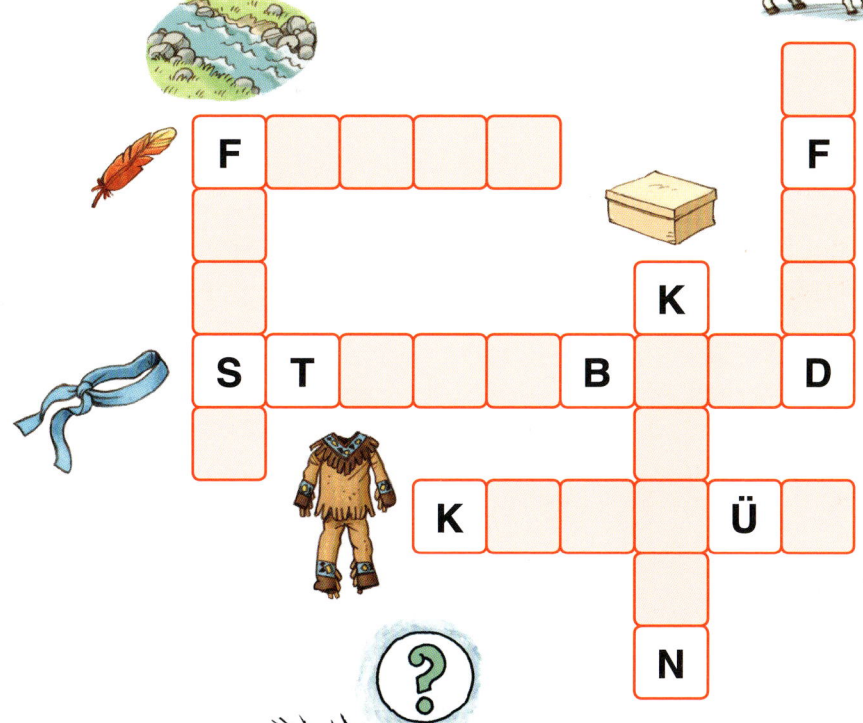

F _ _ _ _

F

K

S T _ _ _ B D

K _ _ _ Ü _

N

41

Rätsel für die Rabenpost

Was passiert in der Geschichte?
Fülle die Lücken aus. Trage die Buchstaben
in die richtigen Kästchen ein.
So findest du das Lösungswort heraus!

Ben hebt vorsichtig den

1		C	K		

. (Seite 5)

Die Jungen haben Pfeil und

B	2				

. (Seite 12)

Die Jungen spannen eine

			N	U	3

. (Seite 25)

Tim hebt drohend die

4	A	U	

. (Seite 30)

Lösungswort:

1	2	3	4

Rabenpost

Herzlichen Glückwunsch!

Du hast das ganze Buch geschafft und
die Rätsel gelöst, super!!!

Jetzt ist es Zeit für die Rabenpost. Wenn du
das Lösungswort auf Seite 42 herausgefunden hast,
kannst du tolle Preise gewinnen!

Gib es auf der  Website ein

▶ www.leserabe.de,

mail es uns ▶ leserabe@ravensburger.de

oder schick es mit der Post.

 Lösungswort:

An
den LESERABEN
RABENPOST
Postfach 2007
88190 Ravensburg
Deutschland

Leserabe

Lesen lernen mit Spaß!
In drei Stufen vom Lesestarter zum Überflieger

ISBN 978-3-473-**36530**-2

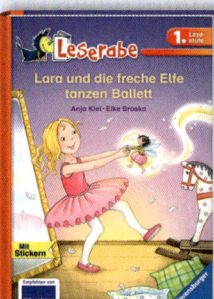

ISBN 978-3-473-**36533**-3

ISBN 978-3-473-**36567**-8

1. Lese-stufe

ISBN 978-3-473-**36534**-0

ISBN 978-3-473-**36568**-5

ISBN 978-3-473-**36569**-2

2. Lese-stufe

ISBN 978-3-473-**36571**-5

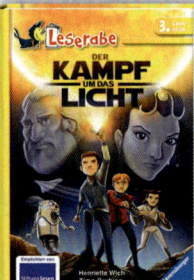

ISBN 978-3-473-**36509**-8

3. Lese-stufe

Besuch mich doch auf
www.leserabe.de

ERZ_15_038